Ursula Lauster

SPIELE

Aufsatzspiele für die 1. Klasse

Lentz

Inhalt

Liebe Eltern, liebe Lehrer,

dieses Heft ist gedacht für Schülerinnen und Schüler der **1. Klasse**. Es steckt voller lustiger Bilder und Bildgeschichten aus der Erlebniswelt des Kindes dieser Altersgruppe: Bildgeschichten erzählen in vier oder mehr Bildern einen Vorgang, den das Kind erkennen muss. Die vielen Bilder in den Spielen regen zum Erzählen an und sind ein Anlass zum gemeinsamen Gespräch zwischen Elternteil und Kind oder Lehrer und Schüler.

In spielerischer Form werden hier Ausdruck und Wortschatz des Kindes erweitert. Das Kind lernt, ein Bild genau anzuschauen, zu beschreiben und darüber zu reden. Es übt im Spiel, Dingen und Tieren typische und treffende Tunwörter oder Wiewörter zuzuordnen und in ganzen Sätzen zu sprechen.

In der 1. Klasse geht es nicht um den schriftlichen Aufsatz, sondern um genaues Beobachten und freies Erzählen.

Nehmen Sie sich etwas Zeit und setzen Sie sich dazu, wenn das Kind sich mit diesem Heft beschäftigt. Lesen Sie ihm die Texte vor, wenn es noch Leseschwierigkeiten hat. Loben Sie gute Ausdrücke, die das Kind benutzt und verbessern Sie falsche. Stärken Sie durch Ihr Interesse das Selbstwertgefühl des Kindes und bauen Sie Selbstbewusstsein auf.

In der 2. Klasse geht es neben dem genauen Beobachten, Beschreiben und Formulieren auch ums Aufsatzschreiben.

Und nun — viel Erfolg!

Ihre

Ursula Lauster

Illustrationen: Ursula Lauster

Umschlaggestaltung: eStudio Calamar, Spanien

Entspricht den Regeln der reformierten Rechtschreibung
ISBN 3-88010-753-X
Lektorat: Daniela Dietz, Kathrin Schmidt
Satz: Walter Typografie & Grafik, Würzburg
Druck: Jos. C. Huber, Dießen
Printed in Germany

Gedruckt auf chlorfrei gebleichtem Papier

Hallo, du – wie heißt du?

Liebe(r) ________________________,

schreibe deinen Namen auf die Linie. Dieses Heft ist dein ganz persönliches Aufsatzspielbuch.

Eigentlich geht es nicht um das Aufsatzschreiben, sondern um das Erzählen. Du brauchst hier nicht schriftlich erzählen, was du siehst, sondern nur mündlich. Gerade das mündliche Erzählen ist eine wichtige Voraussetzung für den späteren Aufsatzunterricht. Und je besser du erzählen kannst, desto besser wirst du Aufsätze schreiben können. Fast jede Seite bringt ein neues Spiel.

Der kleine Papagei heißt Pepe. Er führt dich durch alle Spiele und gibt dir Tipps, damit du das Spiel besser verstehst.

Ich wünsche dir viel Spaß beim Spielen!
Deine

Ursula Lauster

Die acht Unterschiede

Die zwei Bilder vom Rumpelstilzchen sehen gleich aus. Doch es gibt acht Unterschiede. Findest du sie? Kreuze sie im unteren Bild an. Erkläre jeden Unterschied in einem Satz.

Der Zauberspiegel

Auf dem Jahrmarkt gibt es einen Raum mit seltsamen Spiegeln. Sie verändern das Aussehen. Vergleiche die zwei Spiegelbilder des Mädchens. Welcher Spiegel macht klein, dick und breit? Welcher Spiegel macht groß, dünn und lang?

Auf den Kopf gestellte Welt

Kannst du das auch? Schau dir dein Zimmer einmal so an, wie es das Mädchen hier tut. Du siehst alles verkehrt herum. Kannst du erkennen, was auf dem Tisch ist? Erzähle es.
Zähle alles auf, was du erkennen kannst.

Was macht Pepe gerade? Suche das passende Wort aus der Sprechblase.
Sage, in einem kurzen Satz, was der kleine Papagei tut.

1

2

3

4

Berufe raten

Otto hat sich achtmal verkleidet. Welchen Beruf stellt er dar? Schreibe die Zahl des Bildes hinter den Beruf.

Gärtner		Maler		Arzt		Lehrer	
Metzger		Tennisspieler		Koch		Klempner	

Was tun diese Menschen?

Zu welchem Beruf gehören die zwei Dinge? Verbinde den Namen des Berufes mit dem passenden Bild.

Metzger | Gärtner | Koch | Maler

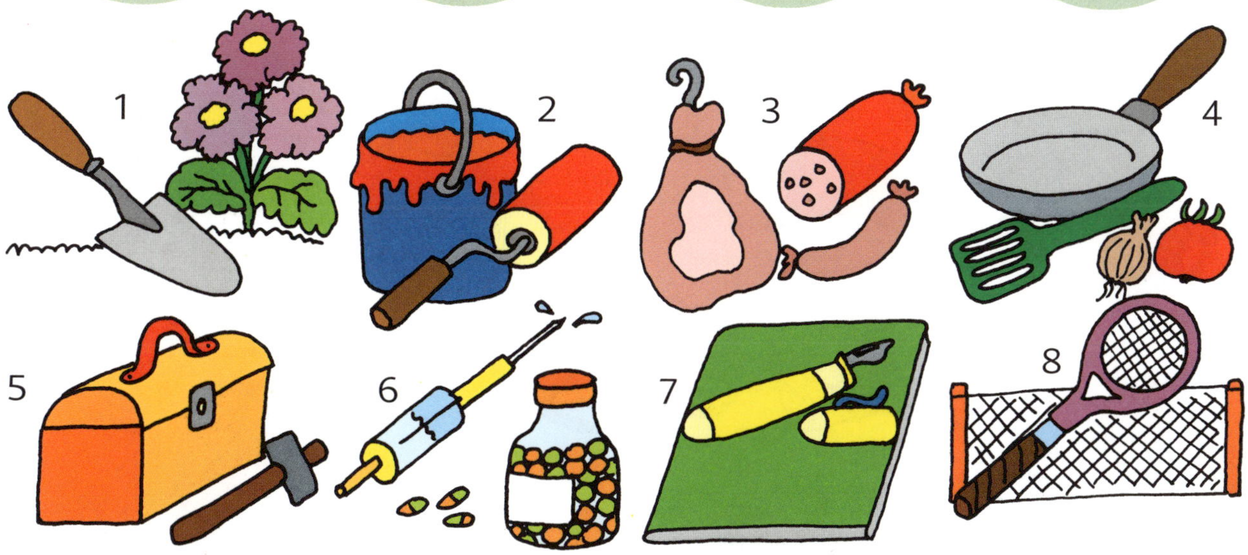

Lehrer | Arzt | Tennisspieler | Klempner

Wer tut das? Schreibe den Namen des Berufes in den Satz hinein.

____________________ streicht die Wände.

____________________ untersucht den Kranken.

____________________ düngt die Blumen.

____________________ schlägt den Ball.

____________________ streicht die Fehler an.

____________________ repariert den Wasserhahn.

____________________ würzt die Suppe.

____________________ schneidet das Fleisch.

Sommer- oder Winterkleidung

Was zieht Moni garantiert nur im Winter an, wenn es draußen kalt ist? Zähle es auf. Was zieht Moni im Sommer an? Nenne diese Kleidungsstücke.

Jedes Tier hat etwas Verrücktes an oder tut etwas Verrücktes. Nenne die zwei verrückten Dinge bei jedem Tier.

Aufräumen helfen

Im Kinderzimmer herrscht ein heilloses Durcheinander. Hilfst du, hier Ordnung zu schaffen? Erzähle, wohin du die Spielsachen stellst. Streiche mit einem Stift durch, was du weggeräumt hast.

Der vergrößerte Bildausschnitt

Hier sind 15 Dinge aus dem vorherigen Bild abgebildet. Sie sind stark vergrößert. Findest du den Ausschnitt im Bild wieder? Sage in einem ganzen Satz, was du erkennen kannst.

Wer frisst was?

Weißt du, was die Tiere gerne fressen? Folge den Linien vom Tier aus. Sage einen Satz dazu. Ein Tier frisst zwei Dinge gerne. Wie heißt es?

Schau dir diese Tiere an. Jedem fehlt etwas. Errätst du es? Nimm einen Bleistift und male es dazu. Sage dabei in einem schönen Satz, was du malst.

Die Zwillings-Clowns

Male zuerst die zwei Clowns an. Jede Zahl steht für eine bestimmte Farbe:

1 = gelb 2 = orange 3 = rot 4 = grün 5 = blau
6 = braun 7 = schwarz Felder ohne Zahl bleiben weiß.

Mick und Mack sind Zwillinge. Beide verkleiden sich als Clown. Nun sind sie verschieden angezogen. Nenne die Unterschiede in der Kleidung und den Farben.

Wo fliegt oder sitzt der kleine Käfer? Suche das passende Wörtchen aus der Mitte. Verbinde es mit dem Bild. Sage einen Satz mit dem richtigen Verhältniswort.

über

hinter

vor

neben

unter

auf

Das Versteckspiel

Wähle für die Sätze das richtige Verhältniswort aus:

an – in – vor – auf – neben – hinter – unter – über

Die Kinder spielen Verstecken. Boris steht 1 ____________ der Haustür. Er lehnt den Kopf 2 ____________ die Tür und zählt laut bis 50. Die anderen Kinder verstecken sich. Mareike stellt sich 3 ____________ den dicken Baumstamm und presst sich fest 4 ____________ die Rinde. Sven klettert sogar 5 ____________ den Baum und sitzt 6 ____________ einem dicken Ast. Hans setzt sich 7 ____________ den Boden und duckt sich 8 ____________ die Schubkarre. Benny versteckt sich 9 ____________ dem Eimer mit Äpfeln. Der kleine Flo krabbelt 10 ____________ die Hundehütte.

So gehen die Tiere

Jedes Tier hat seine Art zu gehen. Du kannst an dem Tunwort schon erraten, welches Tier gemeint ist. Welche beiden Tunwörter aus der Mitte gehören zum Tier? Schreibe das Wort auf die Linie unter dem Bild.

Die Schlange

____

hoppelt
trabt
kriecht

Das Pferd

____

Der Käfer

____

schleicht
krabbelt
watschelt

Die Ente

____

Die Heuschrecke

____

hüpft
trottet
huscht

Der Braunbär

____

Fuchs: ____________________

Hase: ____________________

Maus: ____________________

Erste Bildgeschichte: Das neugierige Kätzchen

Vier Bilder erzählen eine kleine Geschichte. Kannst du diese Geschichte auch erzählen? Versuche es doch einfach! Erzähle, was du siehst, deiner Mutter, deinem Vater, deinem Bruder, deiner Oma und jedem, der zuhören will.

Eine Geschichte besteht aus Sätzen. In der unteren Geschichte sollst du die richtigen Namenwörter suchen. Suche die Zahl im Bild. Schreibe den Namen des Bildes auf die Linien. Alle Wörter beginnen mit einem großen A.

An dem ① ________________
des Baumes hängt ein großer
② ________________. Auf dem ① ________________
sitzt eine schwarze ③ ________________.
Der ④ ________________ hat eine ⑤ ________________.
Ein ⑥ ________________ sitzt auf der ⑦ ________________.
An seiner ⑧ ________________ zappelt ein
⑨ ________________. Kleine ⑩ ________________
krabbeln an der ⑦ ________________ hoch.

Zweite Bildgeschichte

Erzähle die Geschichte von Pepe, dem neugierigen Papagei. Schreibe deine eigene Überschrift hier auf die Linien:

1

2

3

4

In einem Gesicht kannst du lesen. Welches Tunwort passt zu den Gesichtern? Schreibe die Zahl des Gesichtes ins Kästchen vor das Tunwort.

☐ rufen ☐ lachen ☐ gähnen

☐ erschrecken ☐ grinsen

Das passende Wiewort

Das Wiewort sagt dir, wie die Dinge sind. Groß oder klein, schön oder hässlich. Das Wiewort schreibst du klein. Welches Wiewort passt zu dem Bild? Kreuze es an und schreibe es vorne auf die Linie.

1 der ______________ Schmetterling

schwere
zarte
dumme

2 das ______________ Messer

laute
wilde
scharfe

3 die ______________ Biene

fleißige
helle
faule

4 die ______________ Kekse

leisen
scharfen
leckeren

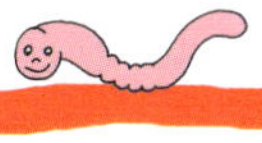

Welches Wiewort passt zum Bild? Kreuze es an und schreibe es auf.

5 der

____

Honig

runde
schwarze
süße

6 der

____

Apfel

kurze
saftige
lustige

7 der

____

Ring

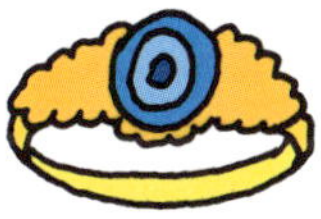

dünne
mutige
goldene

8 das

____

Eis

saure
kalte
saubere

9 der

____

Igel

stachlige
leise
kranke

10 die

____

Maus

plumpe
krumme
flinke

Dritte Bildgeschichte: Der lange Weg zum Teich

Erzähle mit deinen Worten, was die zwei Tiere sagen, wollen und tun.

Vierte Bildgeschichte: Geschmäcker sind verschieden

Lies, was in den Sprechblasen der Tiere steht. Erzähle die kleine Geschichte mit deinen Worten nach.

Witze – Lachen ist gesund

Kennst du diese Witze? Lies den Text in den Sprechblasen. Nenne die Personen: der Lehrer, die Großmutter. Gib dem Jungen einen Namen. Erzähle den Witz nun deinem Freund, deiner Mutter oder deinem Vater.

Bilder ordnen

Ordne diese sechs Bilder nach der Zeit. Mit welchem Bild fängt die Geschichte an? Gib ihm die Zahl 1 und schreibe sie ins Kästchen. Suche nun Bild 2, 3 usw. Erzähle die Bildgeschichte mit deinen Worten.

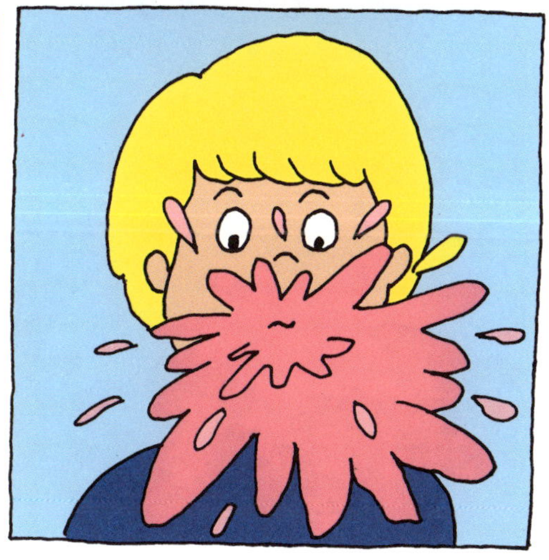

Fünfte Bildgeschichte

Schau dir an, was die drei Bilder erzählen. Schildere es aus der Sicht der Kinder. Gib ihnen einen Namen und erzähle, was die Kinder denken und fühlen.

Errätst du, aus welchem Märchen das Bild ist? Wie heißen die beiden Kinder? Was macht der kleine Junge? Erzähle, warum er das tut. Kannst du das Märchen weitererzählen? Versuche es doch einmal! Weißt du, mit welchem Satz die meisten Märchen aufhören?

Seite 4:

Seite 5: Der rechte Spiegel Nr. 2 macht klein, dick und breit. Der linke Spiegel macht groß, dünn und lang.

Seite 7: 1. Der Papagei schaukelt auf seiner Stange. 2. Er frisst aus dem Napf. 3. Er fliegt durch die Luft. 4. Er hüpft auf dem Boden,

Seite 8: Gärtner = 7, Maler = 4, Arzt = 6, Lehrer = 3, Metzger = 8, Tennisspieler = 5, Koch = 1, Klempner = 2

Seite 9: Metzger und 3, Gärtner und 1, Koch und 4, Maler und 2, Lehrer und 7, Arzt und 6, Tennisspieler und 8, Klempner und 5. Vor die Sätze kommt: Der Maler, Der Arzt, Der Gärtner, Der Tennisspieler, Der Lehrer, Der Klempner, Der Koch, Der Metzger

Seite 10: Im Winter trägt sie: 3 = Handschuhe, 5 = Schal, 8 = hohe Schuhe, 12 = Mantel, 13 = Wollmütze, 14 = langärmliges Kleid, 17 = Rollkragenpullover.

Seite 14: Das Huhn frisst gerne Würmer und Körner.

Seite 15: Elefant: Rüsselspitze, Nashorn: das untere Horn, Hund: die beiden Ohren, Affe: die linke Hand, Schnecke: die beiden Fühler, Fisch: der untere Teil des Maules

Seite 17: 1 = vor, 2 = hinter, 3 = neben, 4 = über, 5 = unter, 6 = auf

Seite 18: 1 = vor, 2 = an, 3 = hinter, 4 = an, 5 = auf/in, 6 = auf, 7 = auf, 8 = hinter, 9 = neben, 10 = in

Seite 19: 1 = kriecht, 2 = trabt, 3 = krabbelt, 4 = watschelt, 5 = hüpft, 6 = trottet – Fuchs: schleicht, Hase: hoppelt, Maus: huscht

Seite 21: 1 = Ast, 2 = Apfel, 1 = Ast, 3 = Amsel, 4 = Affe, 5 = Ananas, 6 = Affe, 7 = Ampel, 8 = Angel, 9 = Aal, 10 = Ameisen, 7 = Ampel

Seite 23: 4 = rufen, 5 = lachen, 2 = gähnen, 3 = erschrecken, 1 = grinsen

Seite 24: 1 = zarte, 2 = scharfe, 3 = fleißige, 4 = leckeren

Seite 25: 5 = süße, 6 = saftige, 7 = goldene, 8 = kalte, 9 = stachlige, 10 = flinke

Seite 29: In den Kästchen muss stehen: 2, 1 – 5, 3 – 4, 6.

Seite 31: Die beiden Kinder im Märchenbild sind Hänsel und Gretel. Viele Märchen beginnen mit dem Satz: *Es war einmal* und hören mit dem Satz auf: *Und wenn sie nicht gestorben sind, dann leben sie noch heute.*